INAUGURATION

DU

MONUMENT

DES

ENFANTS DE L'AIN

A

CEYZÉRIAT

BOURG

IMPRIMERIE J.-M. VILLEFRANCHE

—

1894

INAUGURATION

DU

MONUMENT

DES

ENFANTS DE L'AIN

A

CEYZÉRIAT

BOURG

IMPRIMERIE J.-M. VILLEFRANCHE

—

1894

INAUGURATION

DU

MONUMENT DES ENFANTS DE L'AIN

A CEYZÉRIAT

———◦———

Malgré un temps affreux, cette fête patriotique avait attiré dans la coquette ville de Ceyzériat environ 600 personnes et a admirablement réussi.

Suivant le programme, à une heure de l'après-midi, la compagnie de sapeurs-pompiers, les délégués des différentes sociétés, le conseil municipal et la fanfare se

sont groupés sur la place du Marché pour recevoir les délégations des communes du canton.

La pluie cesse un instant. Les compagnies de pompiers du canton, réunies sous les ordres du capitaine Joly, commandant de la subdivision d'Hautecour, prennent place autour de la table où la municipalité de Ceyzériat leur offre un vin d'honneur.

M. Rapillon, adjoint au maire de Ceyzériat, leur souhaite la bienvenue. La fanfare joue la *Marseillaise* et le cortège se rend à la Mairie.

On y remarquait : M. Pomat, maire de Ceyzériat ; M. Francisque Rive, conseiller général ; M. Thomas, maire de Simandre ; M. Paul Morgon, maire de Jasseron, etc. La fanfare de Ceyzériat, les tambours et clairons des pompiers de Meyriat donnaient à cet ensemble la note guerrière. Une superbe couronne de fleurs naturelles, offerte par les écoles, était portée par deux enfants. Venaient ensuite les conseillers municipaux, les membres des familles des soldats morts ; le délégué de l'*Union patriotique*, les fonctionnaires, la gendarmerie ;

les compagnies de pompiers de Ceyzériat, Hautecour, Jasseron, Meyriat et Revonnas défilent avec un ensemble parfait.

Le délégué de l'*Union patriotique* a fait remise du Monument au maire de Ceyzériat, et M. Francisque Rive a ensuite prononcé le discours suivant :

« MESSIEURS,

« Cette cérémonie nous fait relire, les larmes aux yeux, une des plus douloureuses pages de notre histoire nationale. Nous pensons, d'abord, aux Français séparés de nous pour un temps, dont il faut, suivant la parole de Gambetta, se souvenir toujours et ne parler jamais. Notre pensée se reporte, profondément émue, sur les braves jeunes gens qui ont donné leur sang pour la France. Aussi, ce jour ne doit-il pas être exclusivement un jour de deuil. Nous devons le fêter, sans doute avec tristesse, mais encore avec une joie patriotique et un légitime orgueil. Nous y trouvons un encouragement, un exemple et une espérance.

« Messieurs, c'est le cœur reconnaissant que je rends hommage au noble sentiment qui a inspiré la résolution de fixer à jamais le souvenir des Enfants de l'Ain tués à l'ennemi. Notre département, dans cette voie, en a devancé bien d'autres. Pourquoi donc les grands noms auraient-ils, seuls, un arc de triomphe ? Pourquoi les humbles, qui sont morts dans l'amour silencieux de la patrie, ne seraient-ils pas célébrés à leur tour ? Vous avez fait pour les soldats obscurs, dont le nom n'est gardé que par la famille et l'amitié, ce que fait l'histoire, pour ceux dont elle écrit les noms illustrés et enregistre les actes glorieux. C'est un rayon de gloire qui vient dorer leurs fronts modestes ! *(Applaudissements.)* Aussi, Messieurs, chers compatriotes, chers amis, j'ai répondu avec bonheur à votre appel pour leur adresser un souvenir reconnaissant et le tribut de nos regrets.

« Ah ! ils en sont bien dignes ! Rien n'est

plus beau que leur dévouement simple,
désintéressé ! — La France a besoin d'eux,
ils partent avec joie. Je les vois encore
— les anciens s'en souviennent comme
moi — ils quittent leur village le cœur
un peu serré. Leurs mères, leurs sœurs,
leurs femmes se suspendent à leur cou, ils
s'arrachent à leurs étreintes pour ne pas
amollir leur courage. — Au revoir ! Adieu !
Au revoir ! — Et ils s'éloignent peut-
être pour ne plus revenir. Ces champs
qu'ils aiment, ces chemins, ces bois où ils
ont joué, grandi, aimé ; ces sentiers où ils
voient leur jeunesse se lever et leur ten-
dre les bras, tout cela, ils le quittent pour
toujours, oui, pour toujours.

« Les armées sont à la frontière. Nos
premiers revers jettent des lueurs sinistres à
l'horizon. Marches forcées, contre-marches
plus pénibles encore, souvent à l'aventure,
ces jeunes gens ont tout à subir, tout pour
la patrie ! Aux souffrances physiques, s'a-
joutent l'humiliation morale des défaites
successives, le désespoir de se sentir écra-
sés par un ennemi mieux discipliné, mieux
préparé, la rage de se voir impuissants

devant ce flot toujours débordant, plus nombreux. Dans cette guerre scientifique, la vieille valeur française est devenue presque inutile. — Deux armées entières sont prisonnières ; l'une d'elles, ô honte ! sans avoir combattu. Voici l'hiver ; les soldats sont brisés de fatigue, transis de froid, noircis par la bise des nuits de décembre.

« Et puis ces espérances toujours données, toujours déçues, toujours trompées, ces dépêches menteuses ! Les nouvelles désastreuses sont toujours les vraies. Amère et décourageante ironie, elles succèdent aux nouvelles heureuses qui sont les fausses. —Ah ! quels longs jours d'angoisse cruelle. — Mais où sont-ils tombés ces jeunes soldats, obscures victimes du devoir, dont l'admirable courage est supérieur à la fortune ? Leurs noms seuls sont écrits sur ce marbre ; nous compléterons un jour leur histoire. Les uns, peut-être, dorment leur dernier sommeil vers Gravelotte ou Rezonville que leur héroïsme n'a pas empêché d'arracher à la patrie. Peut-être l'un d'eux a-t-il été frappé dans cette charge sublime de Reischoffen, désormais immor-

telle, dans laquelle deux régiments de cuirassiers, sur l'ordre de Mac-Mahon, se précipitent au milieu des obus, des boulets, de la mitraille, contre l'artillerie ennemie, pour protéger la retraite de l'armée. *(Applaudissements unanimes.)*—D'autres, plus malheureux encore, ont peut-être suivi, jusqu'à la dernière heure, les étapes douloureuses de cette guerre fatale, des marais de la Sologne aux neiges du Jura. Ceux-là ont fait partie de cette armée de héros improvisés, enfermés dans Paris pendant quatre mois mortels, et succombé dans ces combats meurtriers livrés autour de notre capitale assiégée.

« Quelque soit le coin de terre où ils sont tombés, proche ou lointain, connu ou ignoré, ils sont morts pour le drapeau dans les plis duquel frissonne l'âme de la patrie !

« Leur dernière pensée a été pour leur village, pour ceux qui les attendaient au retour, pour les leurs, dont quelques-uns sont ici, et que je salue en votre nom. Leur dernier cri a été : Vive la France !

« Oh ! Messieurs, debout ! découvrons-

nous pour entendre les noms de ces morts glorieux. »

(Tous les assistants se lèvent pendant la lecture des noms gravés sur la plaque et applaudissent.)

« Les choses qui méritent ici-bas le respect et l'admiration sont le dévouement, le sacrifice, une vie exemplaire ou une grande mort. Et, en pensant à ces jeunes gens, couchés par la mort sur nos champs de bataille, je me souviens avec émotion du vieux chant patriotique que j'entendais chanter dans mon enfance :

> « Mourir pour la patrie
> « Est le sort le plus beau,
> « Le plus digne d'envie.

« Merci d'avoir gravé ces noms sur le marbre ! Victor Hugo l'a dit :

« Ceux qui pieusement sont morts pour la patrie
« Ont droit qu'à leur cercueil la foule vienne et prie;

« Entre les plus beaux noms leur nom est le plus
[beau ;
« Toute gloire près d'eux tombe ou passe éphèmère,
« Et, comme le ferait une mère,
« La voix du peuple entier les berce en leur tom-
[beau. »

« Cette double cérémonie — aujourd'hui patriotique, demain religieuse, car l'Eglise veut aussi rendre à nos morts l'hommage suprême de ses prières — offre un spectacle réconfortant, capable d'élever nos âmes. Elle nous unit dans une même pensée : l'amour de la France, dont la flamme ne s'éteindra jamais dans nos cœurs. Cette journée, triste et douce, jette l'oubli sur nos rivalités et nos querelles, bien vaines, quand nous sommes agenouillés au pied de l'image sacrée de la Patrie. Les noms de ces glorieux jeunes gens seront de vivantes leçons. Ceux qui viendront ensuite sauront aussi s'immoler quand la France aura besoin de ses enfants. Ce passé déjà lointain nous a donné des enseignements cruels ; gardons-les fidèlement. Tant de sacrifices et de vertus

n'ont pas été inutiles. Nous sommes fiers de notre armée qui a retrouvé, dans nos malheurs, le secret de sa force. De puissantes sympathies sont venues nous chercher. Ces sympathies ont grandi depuis 1875, alors que l'illustre général Le Flô a pu détourner de nous une guerre désespérée, et peut-être, hélas ! — une invasion nouvelle. — Brave général Le Flô, à qui on marchande aujourd'hui une statue ! — Par notre union, notre sagesse, notre amour de la liberté, notre respect de la liberté d'autrui, marchons, la main dans la main, chaque jour, vers de meilleures et consolantes destinées.

« Gloire à notre France immortelle !
« Gloire à ceux qui sont morts pour elle !
« Aux martyrs, aux vaillants, aux forts !
« A ceux qu'enflamme leur exemp'e
« Qui veulent place dans ce temple
« Et qui mourront comme ils sont morts ! »

« Messieurs, un dernier mot, un double cri :

« Vive la France !
« Vive la République ! »

Ce discours a été chaleureusement applaudi. Puis, M. Desmaris, instituteur, a lu des vers de Gabriel Vicaire.

Un banquet de 300 couverts a ensuite réuni la majeure partie des assistants.

Le soir, une belle retraite aux flambeaux a cloturé la fête.

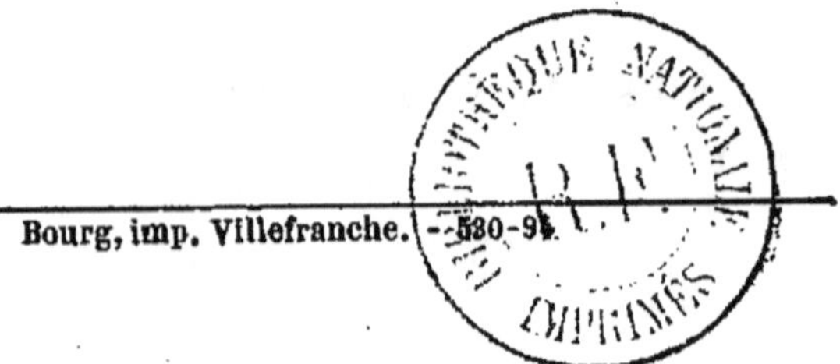

Bourg, imp. Villefranche. — 580-95.

www.ingramcontent.com/pod-product-compliance
Lightning Source LLC
Chambersburg PA
CBHW071640030726
47598CB00005B/1951